LA SED INSUMERGIBLE

LA SED INSUMERGIBLE

Eugenio Arce Lérida

© Eugenio Arce Lérida

© Ilustración de portada: Gregorio Sabariegos
@ Prólogo: Charo Bernal Celestino
© Fotografía de solapa: Pedro Lozano

© Añil desarrollo gráfico, S.L.
Mahalta ediciones es un sello editorial de Añil desarrollo gráfico, S.L.
www.anil.es
www.mahalta.es

Primera edición: agosto 2024

ISBN: 978-84-128976-2-3
Depósito Legal: CR 697-2024

Impreso en España
Diseño y maquetación: Añil desarrollo gráfico, S.L.
Impresión: Safekat, S.L.

Sentir más sed en cada fuente
JOSÉ ÁNGEL BUESA / *La sed insaciable*

Sed de ti me acosa en las noches hambrientas.
PABLO NERUDA / *Sed de ti*

Sed de bien

Anhelamos un mundo más humano porque en nuestra sociedad se ha instalado un relativismo ético, y para mejorarla es preciso apostar por unos valores comunes solidarios. El pensamiento de Eugenio Arce le conduce a escribir con el alma desde la ética del respeto y del amor a toda la humanidad.

Antonio Machado, en uno de sus *Proverbios y cantares*, escribió que no sabíamos para qué servía la sed, sin embargo, el autor de este libro, a través de sus poemas, nos va a ofrecer la respuesta a esta duda que nos planteó el poeta sevillano. *La sed insumergible* es el deseo de bordear los contornos de la vida, desde el camino que ilumina el albor de la belleza, el amor, la solidaridad, la paz y la justicia. *La sed insumergible* intenta mantenernos a flote, cuando las adversidades de la vida nos circundan, para no zozobrar en la desesperanza, pero, paradójicamente, para conseguir flotar primero hemos de sumergirnos en nuestro interior con el fin de hacer un ejercicio de introspección. Lo que nos plantea el poeta es detenernos, porque vivimos en una sociedad que vive con premura, y hemos perdido la capacidad de observar y asombrarnos; así, desde la calma, podremos convertir su sed en nuestra sed, en un acto de solidaridad ética y filosófica a través de los versos que nos ofrecen sus «Conjuros para vivir» y «A contraviento», las dos partes en las que se estructura el poemario.

Aquel que se sumerja en este libro se va a encontrar con las interrogaciones del autor, que son las mismas para todos los seres humanos, y descubrirá con él que la función del poeta es dejar espacio al lector para que se plantee todas las cuestiones que encuentre susceptibles de abordar; y para que se emocione, después, al subir a tomar aire a la superficie.

La poesía de Eugenio Arce es optimista, clara, vitalista, honrada y verdadera. Nos insta a luchar en pro de los valores y denuncia la hipocresía. No en vano, sus años como trabajador social y su origen humilde han forjado un hombre noble y un poeta con luz, cuya palabra tiene sed de horizontes solidarios y de bondad. Es por ello que muchos de los poemas están escritos en primera persona del plural. Arropado con ese *nosotros*, del que se siente miembro y al que extiende su mano ofreciéndonos el hilo de Ariadna, nos ayuda a salir invictos e indemnes del laberinto de las incertidumbres, del combate entre el bien y el mal, de la inexorabilidad del tiempo y de las derrotas: «... para que las derrotas / sepan menos a polvo entre sus labios; / pues no todos sabemos descifrar / el enigma mortal de las esfinges / que la vida interpone en nuestra senda...». Eugenio Arce nos exhorta a abrazar el *carpe diem* para burlar la fugacidad del tiempo: «Vivamos el ahora y olvidemos / el hielo que acuchilla la esperanza».

En algunos poemas apreciamos la sed de palabra del poeta: «... los poetas buscamos la palabra / certera que refleje / el susurro de un ángel que nos guíe / ante la incertidumbre o el dolor», y también expresa el miedo a sumergirse en lo más hondo: «El poeta que intenta / descender a las simas más profundas / que conforman su ser / asume en ese instante / su condición suicida», y asevera que «la luz fluvial de la palabra [...] nuestra más delicada enredadera / aquella que embellece / la humana arquitectura / de nuestra soledad [...] deberíamos evitar [...] que se convirtiera en hielo ajeno / que luego es tan difícil de romper».

El autor, en ocasiones, dialoga con su alter ego, otras veces nos manifiesta su sed de soñar para sobrevivir: «... el sueño es la elipsis / en busca de algo o de alguien / que sepa susurrarnos en el alma / los conjuros más bellos / para sobrevivir», e incluso se atreve a contradecir al filósofo Jean Paul Sartre afirmando que la vida no es siempre una pasión inútil, porque en su búsqueda la felicidad y la serenidad nos brindan la respuesta: «¿... dónde está el equilibrio?, / ¿dónde la dulce esencia de la dicha?, / la respuesta no está / en el viento, según / la canción de Bob Dylan, / sino en el alto vuelo / que logre nuestra luz».

Esa luz que irradia la poesía de Eugenio Arce es su luz y es el bien. Al concluir la lectura de estos hermosos y serenos poemas estoy segura de que todos los lectores llegarán a la misma conclusión a la que he llegado yo: la respuesta a aquella pregunta con la que se iniciaba este prólogo. El autor la ofrece con una nitidez absoluta envuelta en una poesía cuidada con esmero, tanto en la forma como en el fondo. ¿Para qué sirve la sed?: para buscar el bien en el misterio que entraña la vida, para que nos convirtamos en mejores personas.

CHARO BERNAL

Conjuros para vivir

LAS INTERROGACIONES

Las interrogaciones
son hoces afiladas
dispuestas a segar cualquier razón
y siempre se alimentan
de dudas esculpidas
en la niebla vital que nos envuelve.

Dejan de ser un ente misterioso
cuando la luz incide en sus cavernas,
mas no se rinden nunca.

Cuanto más sabe el hombre,
más perplejo se siente,
pues los interrogantes
—que son hermafroditas—
procrean y nos lanzan a los ojos
otros interrogantes de piel nueva
con la esencia de arcanos en sus sílabas.

Las interrogaciones
nos mecen al nacer,
sublimamos su miedo cuando adultos
y con ellas dormimos para siempre.

EL PERIÓDICO

Las hojas de un periódico
antiguo se las lleva
el aire de una incipiente tormenta;
revolotean, caen y se agitan
en el turbio rincón de una calleja,
extrañadas de tanto desamparo.

La vida y sus azares
latían en sus páginas,
y ahora son efímeras
gardenias de papel
que el tiempo ha marchitado.

Un leve escalofrío
te recorre la médula,
cuando piensas que somos
tan sólo un espejismo
que el viento del ocaso llevará
a otro lugar exento de hermosura
y también de noticias reseñables.

Eterno femenino

Eterno femenino,
el origen del mundo y su memoria,
el repetido eco de la vida,
la esencia de unos seres que jamás
aceptan el fracaso,
el siempre subyugante
misterio tras el cual
los hombres deberíamos rendirnos,
porque suyo es el cóncavo silencio
que nos da el horizonte y sus quimeras.

Deslumbrados e ilusos,
buscamos en su abismo incandescente
toda la certidumbre que nos falta,
toda la finitud que nos inquieta;
pero si, alguna vez ,
lográramos probar
la magia y el perfume que los dioses
dispusieron en su alma,
jamás conseguiríamos
desvelar el eterno femenino.

CONDENADOS

Somos reos perpetuos de la noche
y en el incierto fuego de los días
quemamos nuestros miedos
con palabras salvíficas que nacen
muy dentro de nosotros.

A pesar de sentirnos viento efímero,
apenas un relámpago
ornado de conciencia,
afirmamos la vida
cada vez que añoramos el retorno
a nuestra identidad paradisíaca.

Nadadores que nadan
hacia la eterna nada, perseguimos
el reconocimiento que nos debe
la aurora boreal de la existencia;
porque la negación de nuestro ser
implica más dolor, morir en vida,
no saber discernir
los rasgos de un gorrión o de una cobra
ni separar la luz de las tinieblas.

INDESCIFRABLES

Quien desea leer
nuestra esencialidad
se pierde en la espesura de la noche.
Mira tras el cristal
de nuestro laberinto
sin comprender al cisne que se niega
a aceptar la derrota;
tampoco entenderá que somos flecha
lanzada por un arquero innombrable
hacia un destino ignoto.
Desconoce los hilos que nos cosen
a ciertos espejismos
e ignora los secretos que nos signan
como hombres: un latido incomprensible
por las contradicciones
que nos queman el alma.

Que no pretenda nadie
leer en nuestros labios la metáfora
vital que nos mantiene en pie,
pues lo esencial del ser humano
será siempre un misterio.

Algunos semejantes

Algunos semejantes nos vigilan,
nos miran de reojo y nos acusan
de ver la vida bajo un prisma equívoco.

Dicen que no logramos desprendernos
del barro que entorpece nuestra marcha
y, si algún día, el destino nos escupe
en la cara, será nuestra la culpa
por no querer cruzar
los puentes aurorales que ellos ven;
pero una voz arcaica nos pregunta:
¿quién ve adecuadamente,
si todos somos hijos
de un tiempo y un espacio?

Que cada cual defina su sendero,
porque la Humanidad
ha caminado siempre hacia adelante
obviando sus defectos de visión.
Algún día, quizás, alguien invente
un mágico cristal
contra la incertidumbre, mientras tanto...

Vara de medir

Si cada día trae su indeleble
vara para medir nuestra existencia,
si no podremos nunca detener
la fuga de la luz en el crepúsculo,
no aumentemos el eco
de las dificultades
con diatribas estériles,
esos cometas locos y sin núcleo
que tan sólo dilatan
los bordes de la noche;
mejor intentar ser
felices, aunque el sol
se oculte cada día y nos parezca
una premonición de la derrota.

LA HUIDA

Quien huye de su espejo,
porque viene del frío,
quien se deja caer,
como la hoja de un árbol,
porque le sobran sombras,
sospecha su destino de cristal;
y quien así camina,
porque una sierpe anida en su interior,
su corazón no alcanza
a ver otro horizonte.

Huye de sí y olvida
que aun siendo incapaz
de entender el idioma del destino,
suya es la luz que guía sus pisadas,
la que le ayudará a levantarse
para que las derrotas
sepan menos a polvo entre sus labios;
pues no todos sabemos descifrar
el enigma mortal de las esfinges
que la vida interpone en nuestra senda.

CONTRADICCIÓN

Si todos somos únicos
y, al mismo tiempo, iguales,
¿quién puede soportar el eco antiguo
de esa contradicción?

El ser humano siempre
querrá ser diferente e intentará
crear su Paraíso,
aunque tenga que atar a las palabras
que nos salvan del caos
con cuerdas de ilusión.

Cada día que viva ignorará
el rumor acechante de la noche,
y aun siendo un páramo el lugar que habite,
le cantará a la vida,
y a su fragilidad esperanzada,
levantando un altar térreo y azul
donde pueda oficiar las ceremonias
de su exclusividad.

ERRARE HUMANUM EST

Mientras que el hombre tenga en su memoria
una innata pulsión de libertad,
luchará contra el látigo del tiempo,
y serán los errores el idioma
del aire que respira;
seguirá confundiendo
        el vuelo que pretende,
con la piedra maléfica
lanzada por la honda del destino.
Cuando no disponemos
de una quinta estación para enmendarnos
¿qué penitencia hemos de asumir
si nunca conseguimos levantar
los puentes que nos salven del abismo?

Por mucho que aprendamos
al hincar las rodillas, nuestros pies
siempre estarán descalzos y quemándose
en el ardiente magma de un volcán
al que llamamos vida.

Alta orografía

A veces, caminamos
por la alta orografía
de nuestro corazón
en busca de un vocablo que nos lleve
al manantial que calma nuestra sed,
o al lugar numantino donde nace
la rebeldía a ser tan sólo un número.

Porque necesitamos entender
esa voz intuitiva
que pretende librarnos de las sombras,
los poetas buscamos la palabra
certera que refleje
el susurro de un ángel que nos guíe
ante la incertidumbre o el dolor.

Pero la realidad es inclemente:
los versos que no aciertan a enseñar
la frágil desnudez del alma humana,
caen hacia un hondón blanco y estéril
dejando sólo un rastro de silencio
y de palabras huérfanas.

GREGARIOS

Aterrados y solos
bajo la inmensa cúpula celeste,
extraviados en un mundo de mundos,
perplejos por no oír ni un débil eco
de consuelo, los hombres se reúnen
—en tribu o en nación—;
porque siendo gregarios,
y elevando un lamento colectivo,
piensan que se guarecen
del oscuro ciclón del desamparo.

Contra la helada angustia
del silencio inventaron el lenguaje,
contra la noche, el fuego,
contra la incertidumbre,
el canto; así nació
el brillo de sus ojos
y así camina el hombre:
siempre con la esperanza
de entender algún día
por qué fue desprendido
de la eterna matriz del Universo.

Un vaso de agua fresca

Cada día inventamos artimañas
para ser escuchados, y elegimos
a la presa propicia.
¿Quién podría negarnos
un vaso de agua fresca a nuestra sed?

Nuestro paño de lágrimas
ha de ser comprensivo
con las atrocidades que nos cercan;
sólo así validamos como auténticos
los supuestos ultrajes;
mas cuando nos ofrecen
un puñado de sal
para cauterizar nuestras heridas,
miramos ofendidos y perplejos
al traidor que pretende modelar
nuestras palpitaciones.

Y ya no nos importa
caminar de extravío en extravío,
como perennes huéspedes
de un cerril autoengaño,
pues siempre buscaremos otro altar
donde oficien y absuelvan nuestras culpas,
aunque permanezcamos, para siempre,
como esas mariposas encerradas
tras un cristal hermético,
volando, enloquecidas,
en todas direcciones.

Viento embravecido

Hay palabras de altísimo voltaje
que pugnan por ser viento embravecido.
Sin respetar la flor de la prudencia
y desobedeciendo nuestras órdenes,
se cortan el cordón umbilical
que les ata a los labios y se fugan.

Son tan desobedientes como frágiles
y al decirlas estallan en la boca
cual copa de cristal resquebrajada
por su alta vibración emocional.
Sus esquirlas vidriosas
se clavan en los tímpanos
de nuestros adversarios
y nos regocijamos de su mal;
no obstante, si pudiéramos hacernos
una radiografía fiel del alma
veríamos su herida,
pues nadie sale indemne
de una explosión verbal.

INSOMNIO

Todos necesitamos ciertos sueños
para evitar hundirnos en el lodo.
Son códigos cifrados
que tiene nuestra historia personal.

Al ser prolongación idealizada
de nuestro permanente
afán de ser queridos,
cada cual acomoda su retina
a sus incertidumbres;
pero así como el sueño es la elipsis
en busca de algo o de alguien
que sepa susurrarnos en el alma
los conjuros más bellos
para sobrevivir,
así también habremos de cuidarnos
de aquellos que hacen gala
de un insomnio continuo
que les hace vivir a ras de tierra.

Siempre será difícil

Siempre será difícil
llegar a la raíz del sentimiento,
cruzar —como un furtivo—
esa lábil frontera
que nos mantiene a salvo
de aquellos que pudieran quebrantar
nuestra esencia más frágil.

Cuesta exponer al sol
el íntimo inventario
de todas nuestras fobias y pasiones.
El poeta que intenta
descender a las simas más profundas
que conforman su ser,
asume en ese instante
su condición suicida.
Si consigue salir
invicto de esa gesta,
probablemente brinde
—cual sumo sacerdote
de humana religión—
sus claros pentagramas a los vientos.

Sus palabras —o versos— podrán ser
como un lírico himno a la alegría
beethoveniano o cual beso que alivia
el temor que expresó Munch en *El grito*.

Cantos de sirenas

Son múltiples los cantos de sirenas
que pueblan los océanos del mundo.
Habrá quien considere
que ha de ponerse a salvo
y se haga atar a un mástil razonable;
y habrá a quien le guste
formar parte del fuego
por poseer un alma de pirómano.

Sabiendo que otras sangres
pretéritas nos guían y que el eco
feroz de la existencia
nos ahorma en su molde,
el corazón suele elegir el sol,
mas como el contraluz también existe,
a veces pone rumbo
a un puerto clandestino.
Con esas cartas áureas jugamos
y no siempre ganamos la partida.

Porque nos obnubilan dulcemente
los cantos de sirena de Ahrimán
y el fulgor de Ormuz siempre está muy lejos,
no es difícil errar la trayectoria
pues somos emulsión de ambos impulsos.

CONTRA EL OLVIDO

El olvido es una segunda muerte.
S. DE BOUFFLERS

Detrás de cada instante
nos aguarda el olvido,
pues lejos de las lumbres
que cada día encienden nuestras ansias,
echar la vista atrás es ver cenizas.

Mientras que un viento helado
no apague nuestra llama,
tendremos el dilema
de cómo mitigar la desazón
que produce saber
que el olvido será
una segunda muerte.

¿Qué es más efectivo, sumergirse
en negros manantiales de pasiones
o buscar horizontes infinitos
a través del exilio de este mundo?
Y entre ambas actitudes
¿dónde está el equilibrio?,
¿dónde la dulce esencia de la dicha?

La respuesta no está
en el viento, según
la canción de Bob Dylan,
sino en el alto vuelo que logre nuestra luz.

Barco varado

Como un barco varado
en una playa virgen,
como un río agostado en un desierto,
así la luz fluvial de la palabra
no dicha, por vergüenza o por temor,
se queda replegada y prisionera
en su fuego, hasta ser sólo ceniza
que el viento de los años difumina
en el alma como una niebla oscura.

Porque siendo el lenguaje
nuestra más delicada enredadera,
aquella que embellece
la humana arquitectura
de nuestra soledad,
deberíamos ser
capaces de evitar que esta materia,
tan volátil, ahogara nuestro hálito,
o que se convirtiera en hielo ajeno
que luego es tan difícil de romper.

NO SON NUESTRAS

Las penas no son nuestras,
son del caos, por eso hay que echarlas
a volar y que busquen
su camino hacia el éter
hasta que se aniquilen contra el tiempo.

Una vez quebrado su agudo filo,
tu corazón habrá ya calculado
que la oscura raíz
de tu desolación no era un problema
irresoluble, y te designará
como un gran matemático.

FLUIR

Cuando la indecisión de tus ideas
ate tus manos con un silencio inmóvil,
deja que hable el destino.

Esa actitud, tu nueva libertad,
impedirá que sigas siendo un Atlas
cargando un armazón
confuso de creencias,
presuntos ideales
o rígidas escalas de valores
que te han alejado
de tu ser más auténtico.

Descárgate tu yo,
seguirás siendo tú, pero distinto.

QUE NO NOS MIRE

Cuando somos felices
quisiéramos que el tiempo
mirara hacia otro lado, que no viera
la luz de las bengalas
que encienden nuestras manos
cuando estamos alegres
o, mejor, que olvidara nuestra deuda.

Que ese ladrón de vida no nos vea
amar, gozar, reír...,
no vaya a ser que tenga envidia y venga
a robarnos el álgido fulgor
de la felicidad;
porque esas pocas briznas,
caídas de las manos
de ignoradas deidades,
es lo que nos sujeta,
con sus cables sutiles, a la vida.

Gritos

La vida siempre grita sus urgencias,
cual faro que nos salva del naufragio.

Cuando la soledad y el desamor
asedian nuestros muros,
como un negro escorpión amenazante,
todos gritamos
            —de un modo inaudible—
las carencias que hieren en el alma,
los sueños incumplidos,
nuestros profundos miedos...

El silencio no existe
en ningún ser humano;
y cuando alguien declara que controla
su lenguaje silente
sabed que está mintiendo como un cínico.

A contraviento

Primitivos

Canto, por empatía y por amor,
con los desafinados de la Tierra,
sueño para entender las pesadillas
de aquellos que no tienen qué soñar.

Imagino que el profundo silencio
que anida en sus gargantas
es producto del miedo, los desdenes...,
todas las sinrazones
que esgrimen los halcones de la Historia.

En mi caverna lírica
dibujo alegorías y metáforas
para atraer la paz y la justicia
a este mundo febril;
esto me acerca a aquellos
artistas primitivos que pintaron,
en sus cuevas, imágenes
y símbolos propicios
para que se cumplieran sus deseos:
la magia ha sido siempre
la amiga más leal del ser humano.

MERCADERES

Urgidos por la angustia de la vida,
a veces, olvidamos nuestra brújula.
Como Esaú vendió
su primogenitura por un plato
de lentejas, así nosotros, pésimos
mercaderes, vendemos nuestra luz
por prebendas inútiles
o efímeros honores
y pronto comprendemos
que el minuto de gloria
no compensa sentir el alma en cueros.

Para nuestro descargo he de decir
que sólo el respirar
ya quema la inocencia,
y que es casi imposible
evitar que la lluvia
ácida del temor a no ser nadie
agujeree las alas
sobre las que intentamos
levantar nuestro vuelo.

ZUMO DE FUGACIDAD

El día que seamos
capaces de entender
que el inquietante zumo
de la fugacidad que nos bebemos
en cada anochecida
es parte del contrato que firmamos
a cambio de la luz que nos sustenta,
no nos importará
que el incendio del tiempo
—como un cristal que sabe su destino—
nos reduzca a cenizas.

Si nada es infinito, el Universo
y yo colapsaremos cualquier día,
¿y qué importa después?

Vivamos el ahora y olvidemos
el hielo que acuchilla la esperanza;
como tan sólo asombran
los ríos que discurren desbordados,
mi corazón se inclina a no seguir
el cauce establecido.

A UN ÁRBOL TATUADO

Al lado del camino, solitario,
un árbol se prolonga al infinito.

En su corteza alberga
una luz arqueológica.

Yo lo veo elevarse sobre sí
en cada primavera
entonando un aria de esperanza,
después de haber sufrido
las ásperas palabras del invierno.

El verde corazón y su leyenda
proclaman un amor inextinguible.
¡Grandiosa desnudez de un ser humano
producto de un momento de ebriedad!

El árbol será fiel hasta que caiga
rendido por el peso de los años,
¿esa fidelidad habrá tenido
una correlación de sentimientos
con aquella iniciática vehemencia?

Mis caballos

Siendo mi pecho aún una llanura
por la que corren miles de caballos
reivindicando vida; no me habléis
de cristales que tiemblan por ser frágiles
ni de sombras que cruzan por los párpados,
ni de invisibles manos
que oprimen la garganta;
yo necesito sueños
liberadores, músicas
salidas de otras almas,
signos y sincronías,
alborozados fuegos o palomas...,
todo lo positivo de este mundo.

Como un remedio antiguo contra el mal,
dibujo sobre mi alma vibraciones
que abrazan mis más íntimos registros.
Es algo imprescindible
para que siga oyendo a mis caballos
galopar por la inmensa
llanura de mi pecho.

ACTITUD

Cuando entendí a qué
cárceles me llevaba
la perversa indigencia emocional
que a todos nos sojuzga,
decidí que no haría un espectáculo
de mi fragilidad,
tampoco dejaría que mi cuerpo
trasluciera su miedo a ser ceniza,
ni jamás buscaría
limosnas afectivas
cuando las notas negras del invierno.

Un hombre indescifrable,
con los pies enraizados
y la vista en el cielo,
que desea olvidar
el peso de ese yunque,
al que golpea el martillo del tiempo.

Cuéntame, corazón

Cuéntame, corazón,
tus sueños escondidos;
olvida los desdenes
—sargazos que te abruman—
y dime, quedamente,
que aún no has renunciado
a volar cual gaviota.

Cuéntame, cisne azul,
lo que tú y yo sabemos
—no me dejes desnudo
sin fuego ni esmeraldas—,
pues hoy me sabe el mar
—dintel de mis confines—
al áspero sabor
de la humana derrota.

Escánciame al oído
dónde anida la dicha
y dónde la belleza,
porque, a veces, me pierdo
y se ciegan mis ojos
que no ven más allá
de raíces en círculo.

Explícame tus firmes
convicciones y el hábil
equilibrio que tiene
tu péndulo vital.

Necesito tu indómita
y leal rebeldía
que me marque caminos
de victoria y de luz.

Necesito entender
que estarás a mi lado
en lo angosto del río
y en el turbio oleaje
que propicia la noche
con su manto de hiel.
Necesito saberte
ensenada serena
para el barco vencido:
el que, a veces, me siento.

Toxicidad

Para tratar con ciertos elementos
—periódicos o no—
es necesario ser muy cuidadoso
con su toxicidad
y alejarse del negro remolino
que engulle a sus adláteres.

Es mejor perfumarse
con esencia de olvido
al decirles adiós
y olvidarnos de falsos horizontes
pintados por sus manos.
Con ello evitaremos
que la noche que envuelve sus figuras
nos arroje su sal en nuestros ojos.

HAY DÍAS

Hay días que quisiera abrir ventanas
a un paisaje sutil y misterioso.
Algo que me ayudara a desprenderme
del miedo a atravesar ciertos espejos.
En esos días tan infranqueables,
sin resquicios por donde
se cuele la esperanza, si pudiera
subiría a una estrella para ver
cómo incide la luz en mis afanes.

Quizá sería mucho más benévolo
con mis incertidumbres si pensara
que el sol siempre disipa cualquier niebla
y que la realidad y mis deseos
nunca se han entendido,
como una sed antigua
que busca un hontanar sin encontrarlo.

No el reflejo

La cara es un paisaje emocional
pintado por el vértigo y la fiebre
que el tiempo va incubando en nuestro ser;
un fiel acantilado que soporta
las encrespadas olas de la vida
y la pleamar dulce
que, a veces, la mudanza nos regala.

Es cierto que mostramos
arañazos y cárcavas,
a imagen de los ríos
que discurren silentes
por los valles más hondos,
pero creo que el rostro nunca fue
un espejo del alma.

Yo no me reconozco en el azogue
turbio que va poniendo
el viento de la edad ante mis ojos.

Huellas

No te pongas solemne
—me dijo mi *alter ego*—
creyendo que tus huellas
se mantendrán intactas;
piensa que caminamos sobre nieve
y seguirá nevando.

Guarda dentro de ti el dulce aliento
de esta tarde magnética,
que te recuerda aquella
en que besaste por primera vez.

Da gracias si aún sientes
las alas de tus pies, enredaderas
que ascendían, con júbilo,
por el joven torrente de tu sangre.

Conserva todo aquello
que te hacía vibrar
a escala de lo humano:
un cuerpo nada más —y nada menos—
que aprendió a valorar con justeza
las sucesivas máscaras del tiempo.

No pienses en tus huellas, sé blancura,
que la nieve no entiende de pisadas.

Hasta que me mire

Desde la alta atalaya de mi ser
le susurro al destino mis anhelos:
un campo de poemas esenciales
plantados por mis manos,
o bien, sabiduría
para que el corazón
continúe latiendo en libertad.

Que nunca los espejos
tengan que reprocharme infamia alguna
y que el frágil cristal
del amor no se rompa entre mis manos.

Envío al Universo mis deseos
y aguardo. Si el silencio es la respuesta,
mis sueños seguirán
reclamando su espacio sin rendirse,
pues vienen de un lugar, indescifrable
y tenaz, que no acepta las derrotas.

Y así continuaré
hasta que esa voluble luz se digne
a mirarme a los ojos.

A SU TIEMPO

Escucha, corazón, no me fustigues.
¿No ves que soy corcel que se desboca
cuando me aguijonean tus espuelas?
Sosiega tus impulsos desmedidos
y mide lo que sientes sin pensar.
Ya sabes que no sé inventar corales
ni quiero que mis rosas tengan máculas;
tampoco he conseguido un armisticio
entre mi edad y yo.

Tu premura es mi anhelo más ferviente,
mas nunca lloverá
en mi desierto
si las nubes no lloran por mi causa.

La hiel que me apuñala en lo más hondo
y la noche que enturbia mis latidos
dan fe de mi dolor
—yo sé que tú lo sabes—,
pero todo vendrá fiel a su tiempo
o no vendrá jamás.

BESOS

Cuando los besos son como jazmines
sinceros y olorosos,
sus aromas profundos
penetran por los poros de mi piel,
recorren con su luz todas mis venas
y, alegres, se diluyen en el alma
dejándola encendida y con memoria.

Pero sé que hay otros que son cínicos,
cuando no traicioneros...

Esos besos falaces se despegan
de mi cara, se caen sin sentido
al suelo y, ovillados
en su falsedad, ruedan hasta ser
tragados por cualquier alcantarilla,
dejando mis más íntimas estancias
liberadas de afectos perniciosos.

FANTASMAS

El tiempo no es lineal porque el pasado,
a veces, cruza ríos navegables
con todos sus fantasmas:
palabras, personajes, situaciones...,
que siguen ofreciéndome
raciones de agonía
con su dolor de puertas mal cerradas,
con pedazos de mí.

Su lenguaje es muy cruel:
me reprocha que fui oscuridad,
cuando era necesario
ser una luminaria;
o me echa en cara mi excesivo ardor
cuando debí nevar.

Suerte que la memoria es selectiva
y nos hace creer
que la vida no es lo que vivimos
sino el lábil susurro,
o el aguacero ingente,
de lo que recordamos.

CUANDO MI MANO ESCRIBE

Cuando mi mano escribe,
mi sombra se deshace, ya no pesa
en ese espacio incierto
al que llamamos alma.

Cuando mi mano escribe,
observo en mis latidos más profundos
la raíz y el origen
de mi desasosiego:
el continuo buceo en la belleza,
recrearme en la hoguera de un amor
cuya luz aún sigue iluminándome
o seguir en mi lucha
contra las injusticias.

Si aún mi mano escribe es porque veo
que mis sueños están a la intemperie
y sé que necesitan
un fuego que los cuide.

Conozco bien la urgencia
vital que me acompaña
de respirar palabras que me salven.

Sigilo

Sed prudentes como serpientes
e inocentes como palomas.
Mateo 10:16

He intentado alcanzar,
con mis manos sedientas de horizonte,
los hitos de mi senda
sin hacer mucho ruido y desoyendo
la voz del desamparo.

He procurado siempre
escuchar mis latidos más azules,
domeñar el inhóspito lugar
que me asignó el destino
y levantar, con alma y desvarío,
un fugaz paraíso a mi medida
que me salve del grito de la tierra
cada vez que demanda
una oblación continua de mi ser.

Con tal cartografía emocional,
intento dar cobijo al resplandor
que ilumina mi vida.

Reflexión ante un cuadro

Un cuadro es un instante detenido,
un tiempo inconsecuente
con todos los relojes.

Con ojos carismáticos
cualquier pintor eleva,
hacia el cielo sutil de lo increado,
su plegaria pictórica
intentando obtener
su pequeña porción de infinitud:
que las flores exhalen su fragancia,
que las aves no caigan en su vuelo,
que el paisaje nos siga cautivando
o que un cuerpo conserve su esplendor.

Un cuadro puede ser una entelequia
o reflejar la dura realidad.
En todo caso, el lienzo
es efusión de vida, inquietud
del artista que anhela
restañar las heridas producidas
por la flecha del tiempo.

Sobre esa conmoción, sobre ese hilo
enhebrado a la aguja
de coser la memoria,
atempero mi vista en este instante.

PETICIONES

Hay veces que me piden
un rostro que no tengo: una traición,
una imagen ficticia, una artimaña;
la vida con su vértigo de mal.

Entre esa pretensión y mi relieve
pongo un sutil espejo, un eco limpio,
y si es negra su luz, lúgubre augurio,
que se vuelva a su origen
sin haber conseguido su malicia.

Caminar sobre el filo de navajas
nunca me ha seducido, sople —o no—
a mi favor el viento con sus huellas.

EN LA HOGUERA DEL TIEMPO

En la hoguera del tiempo veo arder
algunos de mis sueños más queridos.

Con cierto masoquismo
contemplo ese espectáculo
y no me extraña nada
que mi ser más auténtico
no proteste: el olor
de la conformidad
es muy narcotizante.

REINVENTARSE

Reinventar lo vivido es la premisa
para que no agonice la ternura
que me une a mi reflejo.
Borrar, siempre que pueda,
la crispación del aire que me envuelve,
dibujar los contornos de mi azul
y dejar que la verja
de mi corazón tenga la apertura
suficiente, para que los supuestos
agravios no me incendien.

Si logro rebanar la tristeza
con cuchillos de olvido
y consigo amasar
mi vital alegría con fermentos
de luz multiplicada,
conseguiré atisbar mi paraíso.

Con estos presupuestos de esperanza
podré contradecir a Jean Paul Sartre:
afirmo que la vida
no es siempre —como él dijo—
una pasión inútil.

Infinitivos

Saber que mi verdad es suficiente
para tomar impulso y sortear
cualquier roca varada en mi jardín.
Sentir que el pan poético
alimenta mis sueños más queridos:
que no hay vida sin vértigo
ni tiempo sin memoria.

Proclamar que la sed
de justicia, de amor o de belleza
es siempre universal.

Saber que nos acosan
las aguas turbulentas,
y que necesitamos astrolabios
de acrisoladas sílabas
que nos guíen en nuestra travesía.

Cumpliendo estos supuestos,
podré tocar la piel de mis anhelos
sin temer a su sombra.

Lo que no sabes

Aquello que no sabes
decir de otra manera…,
esa herida sutil y sin sutura…,
el amor, la alegría…,
la nieve incandescente de tu pecho
que proclama tu angustia…,
esa desconocida luz que pide
tener su propia voz…,
ese ser protagónico que exige
—sin darte explicaciones—
su parte en el banquete…,
es lo que, a veces, los poetas
llamamos poesía.

Esquivar

Varias veces he esquivado a la muerte;
desde entonces está
furiosa, me persigue pronunciando
mi nombre con sus sílabas oscuras.

Conozco su intención, me tiene inquina,
y quiere detenerme por vital,
porque le dan arcadas cuando ve
que hago el amor para afirmar la vida,
que enciendo las hogueras que me placen
o que invento conjuros que la alejen
de la sangre feraz que corre por mis venas.

Si las constelaciones tienen música,
yo cobijo el amor y sus conjuntos;
cuando venga buscándome la luz
desangelada, la sangre neblinosa,
el desamparo..., todo su ornamento
falaz, le pediré
que me ayude a escribir
el último poema con su nombre
en el dorso arrugado de su espalda.

Índice

Esta edición quedó dispuesta para la tinta
en agosto de 2024,
el aire no conoce las fronteras